HF290090

RÉUSSIR À BIEN DÉLÉGUER

Les étapes-clés d'une délégation réussie

Par Véronique Bronckart

50MINUTES.fr

RÉUSSIR À BIEN DÉLÉGUER

- **Problématique ?** Comment confier efficacement des tâches et des responsabilités à ses collaborateurs ?
- **Utilité ?** Déléguer des missions à des collègues permet de gagner du temps dans un projet, mais également de motiver et de cultiver les talents de ces derniers afin de donner au projet toutes les chances de réussite.
- **Contexte professionnel ?** Gestion de projet, management d'équipe, etc.
- **FAQ ?**
  - Je n'ai pas l'impression d'être débordé, dois-je tout de même déléguer ?
  - Quel est le moment propice pour déléguer ?
  - Lorsque je délègue, j'abandonne une partie du projet ?
  - Puis-je confier toutes sortes de missions à mon équipe ?
  - Une fois que la tâche est déléguée, ai-je encore besoin de m'en occuper ?

- Quels outils peuvent m'aider à organiser ma délégation ?
- Quels sont les risques liés à la délégation ?
- Comment m'assurer que mon collaborateur accueillera cette mission positivement ?
- Peut-on révoquer une délégation en cours de projet ?
- Dois-je formaliser ma délégation par écrit ?

Pour beaucoup, déléguer signifie « perdre le contrôle ». Par crainte de déranger les autres, par manque de confiance ou tout simplement pour s'assurer qu'un projet soit réalisé selon leurs attentes et leurs conditions, ils tentent de mener cette mission seuls. Mais dans ce cas, le danger de se laisser submerger par le nombre de tâches à accomplir et de ne pas atteindre l'objectif fixé, voire de faire un burn out, n'est jamais loin.

Pour éviter ce genre de situation, un bon chef de projet maîtrise l'art de déléguer avec efficacité. En effet, son rôle n'est pas de garder la mainmise sur chaque composante du projet, mais d'orchestrer l'ensemble ! Confier à d'autres un maximum de tâches lui permettra d'éviter surcharge et stress pouvant être néfastes à l'aboutissement du projet et de se concentrer sur les actions les plus importantes. De plus, il témoignera ainsi une certaine confiance aux membres de son équipe. Ces derniers se sentiront impliqués, ce qui les motivera et les valorisera. Tout le monde est gagnant !

Mais déléguer n'est pas une décision à prendre à la légère et ne doit pas se faire à la va-vite au risque de nuire au projet et de vous dissuader de renouveler l'expérience. N'ayez plus peur de vous reposer sur vos collègues et découvrez les règles à suivre ainsi que les comportements à respecter vis-à-vis de vos collaborateurs afin de déléguer sans crainte et de mener votre projet avec succès.

B.A.-BA D'UNE DÉLÉGATION EFFICACE

DÉLÉGUER, C'EST QUOI ?

Transmettre une responsabilité

La première chose à éviter est de confondre délégation avec répartition des tâches, car ces deux démarches sont bien différentes. En effet, déléguer consiste à confier une ou plusieurs tâches (ou des objectifs, car les actions découleront de ces derniers) à un ou plusieurs collaborateurs en le(s) responsabilisant. Il ne s'agit pas d'abandonner un projet, de perdre le contrôle de celui-ci, de le décentraliser ou encore de perdre le pouvoir, mais d'en partager la réalisation au profit d'un meilleur résultat final.

La notion de responsabilité est primordiale ici. Lorsque l'on confie une mission à un collaborateur, celui-ci doit pouvoir bénéficier d'une certaine liberté de prise de décision. Il doit pouvoir procéder comme il le souhaite pour atteindre l'objectif fixé. S'il ne dispose pas de ce pouvoir de décision, il ne s'agira pas de délégation, mais simplement de la transmission d'un ordre à un subordonné. Toutefois, même si votre collaborateur est responsable de l'atteinte de son objectif, vous restez le garant des activités et des décisions du salarié auquel vous avez délégué la mission. C'est pourquoi vous devez avoir une entière confiance en la personne que vous avez sélectionnée et vous devez assurer un certain suivi afin de veiller à ce que les objectifs soient atteints.

DÉLÉGATION TEMPORAIRE OU PERMANENTE ?

La délégation temporaire est la forme la plus courante. En effet, il est fréquent qu'un subordonné remplace le supérieur hiérarchique responsable des décisions pendant l'absence de ce dernier ou qu'il soit sollicité si ses compétences sont requises. Dans ce cas, les notions de décisions et d'autorité sont dissociées : le subordonné prend les décisions durant la période de délégation, mais il ne sera pas responsable des conséquences.

La délégation permanente consiste à octroyer le pouvoir de décision à long terme pour certaines situations définies au préalable. Les notions de décision et de responsabilité sont associées ; le collaborateur doit donc assumer les conséquences de ses actes. Dans ce cas, il est conseillé de prévoir un avenant au contrat de travail de celui-ci.

Les styles de management

C'est le type de management qui influence et facilite la délégation au sein de l'entreprise. Il peut être :

- **directif.** Ce style de management est très structuré. Les instructions et les consignes sont précises. Le collaborateur n'a généralement pas de vrai pouvoir de décision, ce qui est peu motivant. Il ne s'agit pas d'une délégation à proprement parler, mais plutôt d'une transmission d'ordres sur une tâche à exécuter ;
- **explicatif.** Il est organisé dans un objectif de mobilisation. Les consignes et les instructions sont précises et accompagnées d'explications et de justifications relatives aux choix des

décisions prises. Le niveau d'autonomie des collaborateurs est faible, ce qui peut ralentir le processus de développement du projet ;

- **participatif.** Ce style est axé sur le relationnel. Bien qu'il puisse paraître quelque peu désordonné, il s'avère relativement efficace. Les décisions sont prises en concertation avec les collaborateurs, ce qui les motive et les incite à s'investir dans le projet ;
- **« délégatif ».** Ce type de management, basé sur la confiance qu'attribue le supérieur à ses collaborateurs, s'appuie sur la responsabilité, l'autonomie, l'initiative et la prise de décision. Les membres de l'équipe se sentent alors valorisés et investis dans le projet.

Chaque style de management a ses points forts et ses faiblesses. Tout l'art du bon chef d'équipe est de pouvoir passer d'un style à l'autre en fonction de la personne à qui il s'adresse et en fonction de la situation. C'est évidemment le style dit « délégatif » qui favorise le mieux la délégation entre un responsable et son équipe.

La loi de la division du travail

De nombreux managers ont perdu foi en la délégation et trouvent mille excuses pour ne pas y recourir : « C'est trop de responsabilités pour les employés », « La tâche ne sera pas correctement réalisée », « Tout expliquer prendrait trop de temps ». Ce faisant, ils oublient bien vite un petit détail qui a toute son importance : déléguer répond à la loi de la division du travail. Théorisée par Adam Smith (économiste britannique des Lumières, 1723-1790), elle consiste en la répartition d'une tâche unique et complexe en plusieurs qui seront alors réalisées par différents professionnels. En toute logique, une personne concentrée sur une mission précise sera plus efficace qu'une autre essayant d'en gérer plusieurs. Ainsi, la délégation, par la division du travail, augmente la productivité. Il serait dommage de ne pas en profiter !

Quels avantages réels ?

Un chef de projet n'est pas un surhomme, il ne peut pas tout mener de front, au risque de ne pas être concentré sur les tâches importantes et de commettre des erreurs. Savoir déléguer est donc une réelle compétence à acquérir pour optimiser sa gestion du temps et éviter d'être surchargé, voire dépassé. En confiant des missions à ses collaborateurs, le manager peut se consacrer à des tâches propres à son poste. Pour cela, il faut accepter de perdre un peu de temps au départ pour en gagner sur le long terme. Cette stratégie de management est souvent conseillée dans le cadre de la prévention du burn out.

La délégation est également et surtout recommandée dans une stratégie globale de gestion d'équipe pour développer les performances de celle-ci, tirer parti des compétences et de l'expérience de chacun de ses membres et les mobiliser pour mieux les motiver. En effet, confier une mission et responsabiliser ses employés par rapport à l'atteinte d'un objectif est très valorisant. Ils se sentiront utiles à l'entreprise et, en prenant conscience de l'importance de leur rôle dans le développement de celle-ci, ils s'investiront d'autant plus dans leur mission. Enfin, en déléguant certaines tâches aux personnes compétentes, vous vous assurez de la qualité des réalisations et leur permettez de développer leurs aptitudes. Finalement, le but de la délégation est de réussir ensemble.

<u>**LES FREINS**</u>

Les résistances face à cette démarche peuvent être multiples :

- un manque de confiance en soi ou dans ses collaborateurs ;
- un manque de temps pour définir des objectifs à déléguer et à qui ;
- un manque de compétences au sein de l'équipe ;
- un manque de savoir-faire dans la délégation ;
- la peur de perdre du pouvoir ;
- la peur de créer des jalousies au sein de l'équipe.

Ces freins sont des cercles vicieux. Pour les rompre, une seule solution : apprendre les règles pour déléguer efficacement.

PRÉPARER LA DÉLÉGATION

Il est primordial ne pas attendre d'être débordé pour transmettre une partie de son travail à quelqu'un d'autre, car cela requiert une bonne dose de préparation en amont. Comme avant toute décision, il convient de répondre aux questions « Quoi ? Qui ? Comment ? Pourquoi ? ».

Définir les tâches

Avant de vous lancer tête baissée et de déléguer à tout va, commencez par sélectionner les tâches que vous pouvez accomplir seul en fonction de votre charge de travail et de vos compétences. Ensuite, analysez les autres et triez-les entre celles qui :

- peuvent facilement être réalisées par quelqu'un d'autre (tâches courantes ayant peu d'impact sur le reste du projet) ;
- requièrent une compétence particulière ;
- peuvent être sous-traitées par un intervenant externe à l'entreprise.

Veillez à ne pas déléguer uniquement les tâches pénibles ; déchargez-vous également de quelques actions plus gratifiantes, ou vous risquez de démotiver votre collaborateur. Enfin, vous ne pouvez évidemment pas confier les missions qui relèvent du manager, comme la résolution de conflit, le respect de la discipline, etc.

Choisir le collaborateur approprié

La prochaine étape consiste à choisir le délégataire. Il est très important de sélectionner la personne qui conviendra le mieux pour accomplir cette mission efficacement. Il serait en effet improductif de confier la création du site de l'entreprise à un novice en informatique, même si vous souhaitez lui faire plaisir.

Il s'agit ici de connaître les compétences de vos collaborateurs, leur potentiel, leur charge de travail actuelle, leur motivation et leur projet professionnel afin d'organiser votre délégation pour que le groupe entier en bénéficie et donne le meilleur de lui-même. Cette démarche s'inscrit dans une réflexion d'équipe : ce n'est pas uniquement gagner du temps, mais également se mettre à la place des collaborateurs pour les aider à progresser et les amener à réussir ensemble.

Commencez par reprendre la liste des tâches que vous souhaitez déléguer puis analysez le profil de vos collègues. Pour cela, aidez-vous d'une matrice des compétences. Elle vous fournira une vision d'ensemble des ressources techniques et humaines de vos employés et vous permettra de faire correspondre la réalisation d'une tâche avec un profil en particulier.

Matrice des compétences

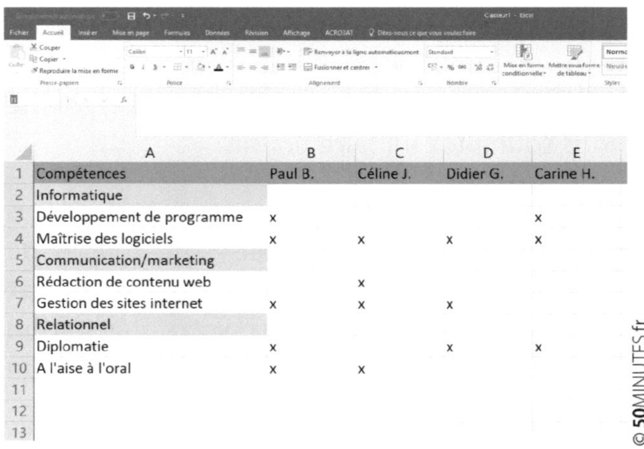

	A	B	C	D	E
1	Compétences	Paul B.	Céline J.	Didier G.	Carine H.
2	Informatique				
3	Développement de programme	x			x
4	Maîtrise des logiciels	x	x	x	x
5	Communication/marketing				
6	Rédaction de contenu web		x		
7	Gestion des sites internet	x	x	x	
8	Relationnel				
9	Diplomatie	x		x	x
10	A l'aise à l'oral	x	x		
11					
12					
13					

Ainsi, pour un projet relatif à la mise en place d'une nouvelle campagne publicitaire par exemple, assurez-vous que la personne sélectionnée possède des compétences en termes de communication et de marketing, ainsi qu'un carnet de contacts publicitaires intéressant pour la mission. Une fois la personne choisie, assurez-vous que cette dernière dispose du temps nécessaire à consacrer à cette mission et qu'elle est prête à s'impliquer dans le projet.

Fixer les objectifs

Avant même de penser à informer l'heureux élu de votre décision, vous devez définir clairement la mission ainsi que les objectifs à atteindre pour faciliter le plan d'action à mettre en place. Pour cela, la méthode S.M.A.R.T.E s'avère bien utile.

- **S = Spécifique**. En quoi la mission consiste-t-elle exactement ?
- **M = Mesurable.** Comment vais-je mesurer les résultats obtenus ? Qu'est-ce qui me permettra de dire que le résultat est atteint ?
- **A = Ambition**. En quoi est-ce important de réaliser cette tâche et d'atteindre cet objectif ? Il s'agit ici de définir le moteur de la motivation !
- **R = Réaliste**. La mission est-elle réalisable ? Quels moyens vais-je mettre à la disposition de mon collaborateur pour que ce dernier

réussisse (finances, formation, matériel, etc.) ?

- **T = Temps**. Dans quel délai l'objectif doit-il être réalisé ? Prenez en compte la charge de travail actuelle du salarié concerné.
- **E = Entourage/Environnement**. Même s'il n'est pas toujours admis (la version la plus connue ne possède pas de E), certains professionnels rajoutent cet aspect. Il s'agit de vérifier que le projet ne nuit ni à vous ni à l'entreprise.

La méthode SMARTE

Spécifique
En quoi la mission consiste-t-elle?
Quelles sont les actions qui en
découlent ?

Environnement
Le projet nuit-il à
mon entourage
ou à mon
environnement ?

Mesurable
Est-ce mesurable ?
À quoi verrai-je que le
résultat est atteint ?

TÂCHE

Temps
De quel délai
dispose le salarié
pour atteindre
l'objectif ?

Ambition
Pourquoi est-ce
important ?
Que se passe-t-il
si je ne réalise pas
cette tâche ?

Réaliste
Est-ce réalisable ?
Quels moyens (financiers,
humains, matériels) vais-je mettre
à disposition de mon collaborateur pour qu'il réussisse ?

Mise en situation

Prenons un exemple pour mieux illustrer nos propos. Le directeur d'une maison de repos souhaite organiser un week-end en Alsace pour 50 résidents durant la période du marché de Noël. Il prévoit un budget de 500 € par résident pour le transport et le logement, mais il ne sait pas comment financer l'ensemble du séjour ni où loger ses résidents. De plus, il n'a pas de temps à consacrer à ce projet. Il décide donc de déléguer certaines tâches à ses collaborateurs, avec pour objectif principal de loger les résidents de manière optimale tout en étant attentif à maintenir les soins nécessaires. Il confiera les missions de budget à son responsable financier, apte à s'occuper de ce genre de tâche, et les missions de gestion de transport et de logement à son assistante de direction. Pour organiser sa délégation, il réalise d'abord une carte mentale :

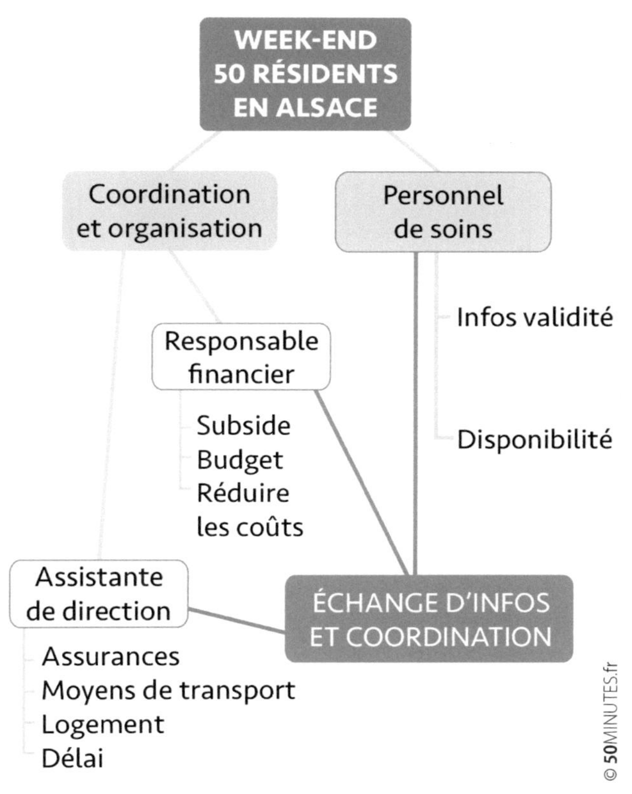

Le directeur de la maison de repos peut également s'aider d'une grille d'analyse de projet, telle celle présentée ci-dessous, qui lui en donnera une vision plus complète.

	Projet global	Tâche 1
Description et objectif	Organiser un week-end en Alsace pour 50 résidents d'une maison de repos durant le marché de Noël.	Trouver un mode de financement à moindre coût.
Délai	Décembre de l'année actuelle.	Avant la réservation soit fin août au plus tard.
Budget	500 €/résident soit un budget total de 25 000 €	25 000 € maximum
Compétences	• Organisation • Finances et assurances • Encadrement • Soins éventuels	• Élaboration et gestion de budget • Connaissance en cofinancements
Collaborateur potentiel	• Assistante de direction • Responsable financier • Responsable aides-soignants • Ergo-thérapeute	• Responsable financier

	Tâche 2	Tâche 3	Tâche 4
Description et objectif	Identifier le mode de transport et le logement adéquats pour des conditions de séjour opti-males.	Trouver un mode de trans-port et un logement corres-pondant au budget durant la période des mar-chés de Noël.	Être en ordre dans les assurances et s'assurer que le logement et le trans-port seront adaptés aux résidents en fonctions des informations fournies par les aides-soi-gnants.
Délai	Août - Septembre	Septembre	Septembre
Budget	25 000 € maximum (répartition à faire entre les transports, le logement et les assurances)		

	Tâche 2	Tâche 3	Tâche 4
Compétences	• Connaissances des besoins des résidents en termes de mobilité et de soins • Capacité à travailler en équipe • Capacité d'encadrement des résidents	• Analyse et respect du budget • Capacité de recherche de logement/transport • Capacité de négociation concernant les tarifs	• Assistante de direction
Collaborateur potentiel	• Responsable aides-soignants • Ergothérapeute	• Connaissance en assurances • Capacité de coordination	• Assistante de direction

CONFIER LES TÂCHES AU DÉLÉGATAIRE

Informer la personne concernée

Lorsque vous avez identifié le porteur de la mission, il convient d'en informer ce dernier et de lui expliquer les détails de la délégation au cours d'un entretien. C'est également l'occasion de poser le cadre et de mobiliser sa motivation. Pour que le tête-à-tête se déroule au mieux et serve de tremplin pour la suite, plusieurs points doivent impérativement être abordés.

- Précisez au collaborateur les caractéristiques du projet telles que les objectifs à atteindre, les moyens financiers attribués au projet, les moyens matériels et humains mis à sa disposition, les délais fixés et les obstacles qu'il risque de rencontrer. Expliquez clairement vos attentes en termes de résultats et assurez-vous de sa bonne compréhension. Par exemple : « Dans notre maison de repos, je souhaite que tu t'occupes de la mise en place de la nouvelle activité pour nos résidents. »

- Définissez également avec lui son degré d'autonomie et le référent à contacter si la situation vient à dépasser son niveau de responsabilité. En règle générale, la marge de manœuvre du salarié ira de pair avec sa position hiérarchique et ses compétences. Le manager aura tendance à accorder plus de liberté au responsable de service qu'à l'auxiliaire administratif. Par contre, si l'équipe est composée d'employés de même rang, il ajustera l'autonomie en fonction de la confiance qu'il a dans la personne. Par exemple : « Tu peux prendre toutes les décisions relatives aux dépenses inférieures à 2 000 €. Au-delà, tu dois me consulter. » On distingue généralement six niveaux d'autonomie, depuis le degré zéro jusqu'à la totale liberté de mouvement.

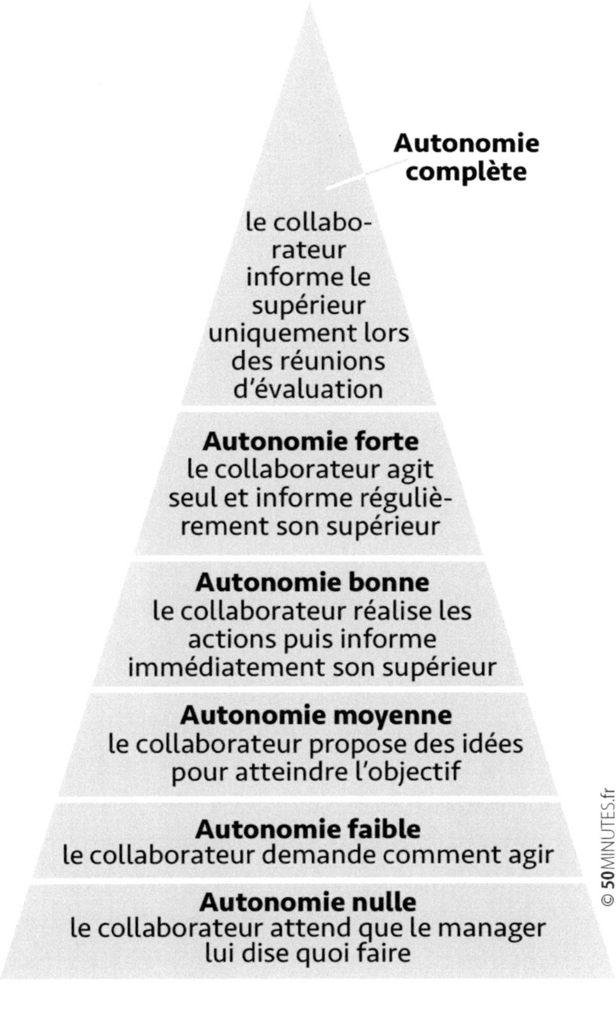

Autonomie complète

le collabo-rateur informe le supérieur uniquement lors des réunions d'évaluation

Autonomie forte
le collaborateur agit seul et informe réguliè-rement son supérieur

Autonomie bonne
le collaborateur réalise les actions puis informe immédiatement son supérieur

Autonomie moyenne
le collaborateur propose des idées pour atteindre l'objectif

Autonomie faible
le collaborateur demande comment agir

Autonomie nulle
le collaborateur attend que le manager lui dise quoi faire

© 50MINUTES.fr

AUTONOMIE ET RESPONSABILITÉ

Lorsque les individus disposent de peu d'autonomie ou de peu de pouvoir de décision, mais sont chargés de grandes responsabilités, des tensions peuvent se développer et détériorer le climat social de l'entreprise. Veillez donc à confier une tâche pour laquelle le niveau d'autonomie est en accord avec le niveau de responsabilité. Ne demandez pas à un collaborateur d'être responsable d'une décision que vous avez imposée.

- Expliquez pourquoi vous l'avez choisi plutôt qu'un autre en évoquant certaines de ses compétences. Par exemple : « Tu as une expérience de plusieurs années dans ce secteur et tu possèdes des qualités d'organisateur. »
- Exposez également l'importance du projet dans sa globalité. Cela lui permettra de mieux comprendre pourquoi vous lui demandez d'accomplir telle ou telle mission tout en le motivant. Pour reprendre notre situation : « Je te demande de mettre en place cette nouvelle activité destinée aux personnes âgées, car nous

avons beaucoup de demandes de leur part et ce développement nous permettrait de nous démarquer des autres maisons de repos. » Autre exemple : « Ajouter ce créneau sera très bénéfique pour notre image de marque et notre chiffre d'affaires. »

- Enfin, demandez-lui ce qu'il en pense et négociez les éventuels points qui lui posent problème.

Suivre et accompagner

Le suivi et le contrôle font partie intégrante du processus de délégation. Le but est de vérifier que le collaborateur possède toutes les informations, qu'il est motivé et qu'il a à sa disposition les moyens nécessaires pour atteindre les objectifs. Votre rôle est de l'aider à réussir la mission que vous lui avez confiée. Quelques conseils vous aideront à mettre en place un suivi de qualité :

- fixez des échéances et prévoyez des évaluations durant le parcours pour recadrer ou réajuster le tir si nécessaire ;
- prêtez une oreille attentive à votre collaborateur et faites preuve d'une attitude bienveillante. Rien ne sert de le blâmer pour une petite erreur ; au contraire, encouragez-le tout au long du projet ;
- mettez à sa disposition des formations et des outils capables de l'aider dans sa mission.

SURVEILLANCE OUI, FLICAGE NON !

Dans cette phase, il s'agit d'accompagner plutôt que de surveiller. Si votre collaborateur a l'impression que vous surveillez ses moindres faits et gestes, il pensera que vous ne lui faites pas confiance, il se sentira inutile et finalement sa motivation et son travail en pâtiront. Si vous l'avez choisi, c'est qu'il le mérite. Alors, faites-le-lui comprendre en lui laissant une certaine liberté.

Débriefer

Le débriefing sert à dresser le bilan de la délégation. Félicitez votre collaborateur s'il a atteint son objectif et, s'il a échoué, tentez de comprendre ensemble les raisons de cet échec et ce qu'il aurait pu faire autrement. Il s'agit d'un moment de communication important : veillez donc à l'écouter. Peut-être a-t-il dû faire face à des obstacles auxquels il ne s'attendait pas. Ou peut-être la pression était-elle trop forte. Interrogez-le sur ses ressentis durant la mission et maintenant qu'elle est terminée. Est-il prêt à recommencer ? Si oui, vous pouvez sûrement vous accorder sur de nouveaux projets à lui déléguer.

TOP CONSEILS

- Ne déléguez pas uniquement les tâches in-grates à votre collaborateur, mais confiez-lui des missions valorisantes, cela le motivera. Il en va de même pour vous : ne gardez pas toutes les tâches inintéressantes et ennuyeuses, établissez un équilibre entre les deux. De plus, déléguez les travaux pour lesquels vous ne possédez pas les compétences nécessaires et qui vous ralentiraient considérablement dans la mise en œuvre du projet ou vous empêche-raient de développer d'autres actions. Ainsi, n'essayez pas de créer un programme informa-tique alors que vous avez un petit génie dans le domaine qui vous le ferait en deux temps trois mouvements.
- Ne transmettez pas trop de responsabilités d'un coup à votre employé, cela pourrait le stresser voire lui faire perdre ses moyens. Agissez par étapes, progressivement. D'abord une tâche assez simple puis davantage de res-ponsabilités au fur et à mesure qu'il s'affirme. Toutefois, si ce dernier a déjà de l'expérience et

a fait ses preuves, n'hésitez pas à lui déléguer une ou plusieurs missions qu'il déléguera peut-être lui-même par la suite. Dans tous les cas, assurez-vous de son accord lors de l'entretien.

- Confiez les tâches à un collaborateur en qui vous avez confiance, tant au niveau des compétences qu'au niveau du comportement professionnel. Si vous doutez d'une personne, vous perdrez probablement du temps à surveiller son travail ou à réparer les erreurs commises, ce qui serait tout à fait contre-productif et nuisible pour votre relation ainsi que pour le projet.
- Laissez à votre collaborateur la liberté de choisir les moyens et les processus à mettre en place pour réussir. Cette autonomie témoignera de la confiance que vous lui accordez, ce qui le motivera.
- Restez disponible. Le délégataire doit pouvoir vous contacter et vous questionner concernant toute préoccupation relative aux diverses missions. Si vous ne l'êtes pas, cela ne fera que ralentir le projet.
- Assurez-vous de suivre l'évolution du projet et de donner un feed-back constructif sur les résultats atteints ou à améliorer en restant

cohérent par rapport à vos attentes. Pour cela, vous pouvez tenir un cahier de bord reprenant le rôle de chaque collaborateur, la répartition des tâches ainsi que l'état d'avancement de celles-ci. La mise en place de réunions d'évaluation est également recommandée, à condition qu'elles ne soient pas trop fréquentes.

- Si quelque chose ne se déroule pas comme prévu, faites le point en privé avec votre collaborateur. Inutile de le réprimander devant toute l'équipe au risque de le frustrer, de le démotiver et de lui faire perdre toute crédibilité face à ses collègues.
- Évitez de surcontrôler. Si vous continuez à tout surveiller de manière intempestive, cela déresponsabilisera et démotivera votre collaborateur. Cependant, il ne faut pas déléguer à l'aveugle et prendre des risques considérables pour l'entreprise. Jetez un coup d'œil rapide de temps en temps sur votre salarié.
- Évitez de déléguer dans l'urgence ou trop tard. Une délégation efficace se prépare. N'attendez donc pas d'être débordé pour vous décider, car vos collaborateurs auront l'impression de servir de roue de secours et ne s'impliqueront pas comme vous l'auriez souhaité. Prenez le temps

d'analyser la mission, de définir les différentes actions à mener, d'identifier le collaborateur adéquat et de communiquer les informations relatives au projet.

- N'oubliez pas de remercier, de féliciter et de donner du crédit au salarié. Après tout, c'est en partie grâce à lui si le projet a réussi.

FAQ

JE N'AI PAS L'IMPRESSION D'ÊTRE DÉBORDÉ, DOIS-JE TOUT DE MÊME DÉLÉGUER ?

Inutile de déléguer à tout prix. Faites-le lorsque vous avez de grosses charges de travail qui arrivent, des délais courts à respecter ou si une personne est plus compétente que vous pour réaliser une tâche spécifique. Déléguer une partie d'un projet est un moyen efficace pour concrétiser celui-ci avec succès. En effet, il vous permet de mieux gérer votre temps et d'ainsi pouvoir vous consacrer à d'autres activités. De plus, en confiant des tâches à vos collaborateurs, vous les responsabilisez et leur permettez de s'investir dans l'activité de l'entreprise en les motivant.

QUEL EST LE MOMENT PROPICE POUR DÉLÉGUER ?

N'attendez pas d'être débordé ou de vous apercevoir qu'on n'aura pas la possibilité (par manque de temps ou de compétences) d'atteindre l'objectif fixé. Dès l'apparition d'un nouveau projet, analysez l'ensemble des compétences et des tâches qui seront requises pour le développer. Identifiez les celles que vous pourrez assumer seul et confiez les autres à vos collaborateurs. De plus, profitez des périodes creuses pour prendre le temps d'organiser votre transmission de pouvoir.

LORSQUE JE DÉLÈGUE, J'ABANDONNE UNE PARTIE DU PROJET ?

Contrairement à ce que beaucoup pensent, se décharger d'une partie des tâches ne signifie pas abandonner le projet. Il s'agit d'une méthode nécessaire pour mieux organiser le temps de travail en répartissant les missions et les responsabilités. Cela permet de diminuer le stress tout en valorisant et en motivant son équipe. Déléguer, c'est tout l'inverse d'abandonner, c'est vous donner les outils pour mener votre projet à son terme. Oubliez les clichés et lancez-vous !

PUIS-JE CONFIER TOUTES SORTES DE MISSIONS À MES SALARIÉS ?

On peut déléguer dans tous les domaines : administratif, commercial, financier, marketing, technique, etc. Ce qui compte, c'est de savoir ce que vous voulez transmettre à d'autres et de sélectionner le collaborateur approprié à qui vous confierez les tâches en fonction de ses compétences, de ses disponibilités, mais aussi du degré de responsabilité engagé. Cependant, certains rôles incombant à votre fonction de manager doivent rester sous votre propre responsabilité. Enfin, évitez d'abuser de cette démarche en déléguant des missions uniquement parce qu'elles vous ennuient.

UNE FOIS QUE LA TÂCHE EST DÉLÉGUÉE, AI-JE ENCORE BESOIN DE M'EN OCCUPER ?

Le contrôle est nécessaire dans toute délégation, à condition d'être bien dosé. En effet, il serait contre-productif de surveiller au quotidien vos collaborateurs sur l'avancement du projet et d'inspecter leurs moindres faits et gestes. Il est préférable de prévoir des réunions d'évaluation, pas trop régulières afin de ne pas alourdir ou ralentir le processus. Celles-ci devront être accompagnées d'un feed-back constructif pour permettre à votre collaborateur de continuer sur la bonne voie. Plus qu'un contrôle, il s'agit de l'accompagner dans la réussite de la mission.

QUELS OUTILS PEUVENT M'AIDER À ORGANISER MA DÉLÉGATION ?

Il n'existe pas d'outils spécifiques pour cela. Cependant, l'utilisation de tableaux de répartition de tâches ou le système de *mind mapping* (carte mentale) peut vous aider. Rester positif et disponible, communiquer à chaque instant, mettre à disposition les ressources nécessaires, encourager et croire en vos collaborateurs seront vos meilleurs atouts pour réussir.

QUELS SONT LES RISQUES LIÉS À LA DÉLÉGATION ?

Bien que la délégation soit souvent recommandée pour alléger la charge de travail, accélérer le processus de mise en œuvre du projet et valoriser le personnel de l'entreprise, il existe quelques risques inhérents à la délégation, comme :

- désorganiser la hiérarchie, dans le sens où les prises de décisions des subordonnés prendraient le dessus sur celles des supérieurs ou créeraient des contradictions dans la communication ;
- créer de la jalousie ou de la rancœur au sein de l'équipe ;
- causer des déviances si le délégataire abuse du pouvoir reçu ou si le délégateur confie n'importe quelle tâche ;
- engendrer des frustrations chez le délégataire si celui-ci n'est pas bien accompagné ou que les objectifs ne sont pas clairement définis.

COMMENT M'ASSURER QUE MON COLLABORATEUR ACCUEILLERA CETTE MISSION POSITIVEMENT ?

Afin que le délégataire reçoive de façon positive la tâche que vous lui confiez, il ne faut pas qu'il la perçoive comme une mission désagréable dont vous souhaitez vous débarrasser. Expliquez-lui pourquoi vous l'avez choisi lui (quelles compétences), présentez-lui l'importance de la mission et octroyez-lui une certaine autonomie dans sa réalisation. En l'impliquant dans le projet, en lui faisant confiance, en le responsabilisant et en lui accordant une certaine prise d'initiatives, il se sentira valorisé et s'investira pleinement dans le projet.

PEUT-ON RÉVOQUER UNE DÉLÉGATION EN COURS DE PROJET ?

Un acte de délégation établi pour une durée in-déterminée peut être révoqué à tout moment. Si une personne abuse de son pouvoir, vous pouvez tout à fait le lui retirer. Rappelons également que la délégation est relative à des actions ou à des prises de décision, cela signifie que le départ (naturel ou non) du responsable ayant délégué une partie de ses tâches ou de ses pouvoirs n'engendre pas automatiquement la fin de la délégation.

DOIS-JE FORMALISER MA DÉLÉGATION PAR ÉCRIT ?

Dans le cas d'un transfert de pouvoir, il est vivement conseillé de formaliser cette délégation par un écrit qui précisera la date de prise d'effet, la durée, la nature des pouvoirs délégués ainsi que les accords éventuels définis au préalable entre le délégataire (personne à qui est confiée une partie des responsabilités) et le délégateur (responsable qui transfère une partie de ses pouvoirs).

Dans d'autres cas, comme la délégation de tâches à titre occasionnel, il n'est pas nécessaire de prévoir un document officiel. Cependant, il est important de rappeler que toute trace écrite peut se révéler utile en cas de litige et peut constituer une preuve.

À VOUS DE JOUER !

ORGANISER SA DÉLÉGATION

Vous avez désormais en main toutes les cartes pour réussir efficacement votre délégation et en faire profiter toute votre équipe. Pour vous aider à vous lancer, utilisez la grille de projet ou le *mind mapping* afin de choisir quelle mission déléguer et à qui la confier.

Grille de projet

	Projet global	Tâche 1	Tâche 2	Tâche 3
Description et objectif				
Délai				
Budget				
Compétences requises				
Collaborateur potentiel				

Mind map d'un projet

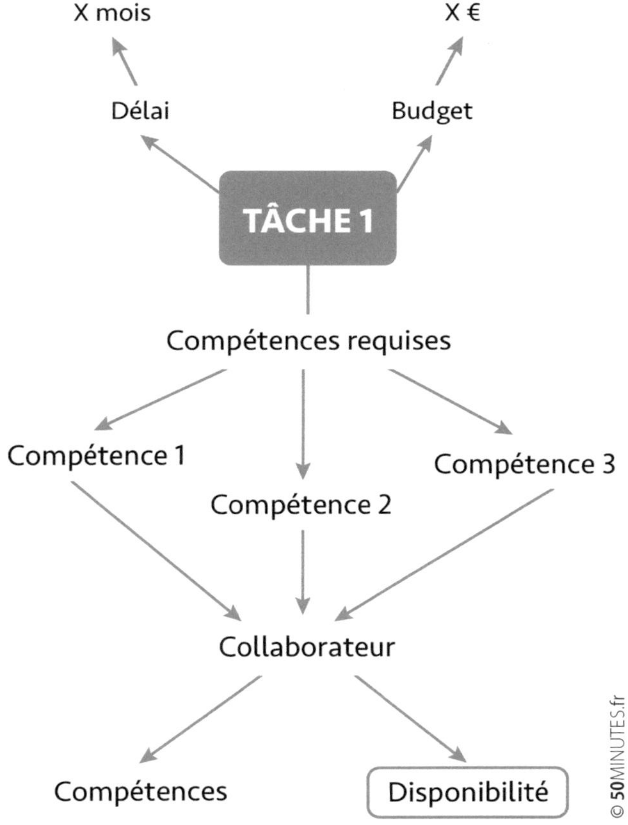

Votre avis nous intéresse !
Laissez un commentaire sur le site de votre
librairie en ligne et partagez vos coups de cœur sur
les réseaux sociaux !

POUR ALLER PLUS LOIN

SOURCES BIBLIOGRAPHIQUES

- CONDIS (Stéphanie), « Comment déléguer en 5 questions clés », in *L'Express*, février 2011, consulté le 15 novembre 2015.
  http://lentreprise.lexpress.fr/rh-management/management/comment-deleguer-en-5-questions-cles_1525738.html

- COUDIÈRE (Hervé), « Savoir déléguer pour réussir », in *La formation pour tous*, septembre 2015, consulté le 3 décembre 2015.
  http://www.laformationpourtous.com/comportemental/pratiques-outils/savoir-deleguer-pour-reussir.html

- « La délégation de pouvoirs dans les sociétés », in *Segeco*, janvier 2010, consulté le 11 décembre 2015.
  http://www.segeco.fr/base-documentaire/la-delegation-de-pouvoirs-dans-les-societes-sp_fiche100112_1.html

- TRAMOND (Philippe), « Sachez déléguer », in *Pilotis*, consulté le 15 novembre 2015.
  http://www.pilotis.fr/extranet/upload/presse/78%20OCT%2009%20NOUV%20ENTREPRENEUR.pdf

SOURCES COMPLÉMENTAIRES

- FERRIER (Nicolas), *La délégation de pouvoir, technique d'organisation de l'entreprise*, Paris, LexisNexis éditions, 2005.

- LALLICAN (Jean-Ange), *L'art de déléguer. Manager dans la confiance*, Paris, Dunod, 2015.

- SORREL (Paul), *L'art de déléguer pour réussir*, Lyon, Éditions Juris, 1995.

- ZINQUE (Nicolas), *Comment bien gérer un projet ?*, Bruxelles, Lemaitre Publishing, 2015.